Preeti Rathi

Sistema operativo avançado

Preeti Rathi

Sistema operativo avançado

ScienciaScripts

Imprint

Any brand names and product names mentioned in this book are subject to trademark, brand or patent protection and are trademarks or registered trademarks of their respective holders. The use of brand names, product names, common names, trade names, product descriptions etc. even without a particular marking in this work is in no way to be construed to mean that such names may be regarded as unrestricted in respect of trademark and brand protection legislation and could thus be used by anyone.

Cover image: www.ingimage.com

This book is a translation from the original published under ISBN 978-620-7-81112-0.

Publisher:
Sciencia Scripts
is a trademark of
Dodo Books Indian Ocean Ltd. and OmniScriptum S.R.L publishing group

120 High Road, East Finchley, London, N2 9ED, United Kingdom
Str. Armeneasca 28/1, office 1, Chisinau MD-2012, Republic of Moldova, Europe
Printed at: see last page
ISBN: 978-620-7-90922-3

Índice

Capítulo 1: Introdução aos sistemas operativos avançados

1.1 Conceitos básicos de sistemas operativos:

Um sistema operativo (SO) é o software fundamental que gere os recursos de hardware e software de um computador. Actua como intermediário entre os utilizadores e o hardware do computador, fornecendo uma interface de utilizador e gerindo a execução das aplicações.

Funções principais de um sistema operativo

1. **Gestão de processos**
   - **Criação e encerramento:** Trata a criação e o encerramento de processos.
   - **Agendamento:** Gerencia o agendamento de processos para otimizar a utilização da CPU.
   - **Sincronização e comunicação:** Garante que os processos possam se comunicar e sincronizar uns com os outros.

2. **Gestão da memória**
   - **Alocação e desalocação:** Aloca e desaloca espaço de memória conforme a necessidade dos processos.
   - **Memória Virtual:** Usa técnicas como paginação e segmentação para fornecer uma abstração de mais memória do que a fisicamente disponível.

3. **Gestão do sistema de ficheiros**
   - **Operações de ficheiros:** Gere operações como a criação, eliminação, leitura e escrita de ficheiros.
   - **Estrutura de diretórios:** Mantém uma estrutura hierárquica para organizar ficheiros.
   - **Controlo de acesso:** Controla as permissões de acesso a ficheiros e directórios.

4. **Gestão do sistema de E/S**
   - **Drivers de dispositivos:** Fornece uma interface uniforme para interagir com diferentes dispositivos de hardware.
   - **Buffering e Caching:** Utiliza técnicas para melhorar a eficiência das operações de E/S.

5. **Segurança e proteção**

- o **Autenticação do utilizador:** Verifica a identidade dos utilizadores.
- o **Controlo de acesso:** Gere as permissões e os direitos de acesso aos recursos.
- o **Segurança de dados:** Protege os dados contra o acesso não autorizado e garante a integridade dos dados.

Evolução histórica dos sistemas operativos

1. **Sistemas iniciais (anos 1950-1960)**

- o **Processamento em lote:** Os primeiros computadores executavam trabalhos em lotes sem interfaces de utilizador interactivas.
- o **Monitores simples:** Sistema operativo primitivo que geria a sequência de tarefas e a atribuição de recursos básicos.

2. **Sistemas de partilha de tempo (anos 1960-1970)**

- o **Computação interactiva:** Permitia a interação de vários utilizadores com o computador em simultâneo.
- o **Multitarefa:** O SO podia executar vários processos aparentemente ao mesmo tempo.

3. **Era da computação pessoal (década de 1980)**

- o **Interfaces gráficas de utilizador (GUI):** A introdução de GUIs tornou os computadores mais fáceis de utilizar (por exemplo, Windows, macOS).
- o **Sistemas operativos para PC:** Desenvolvimento de sistemas operativos adaptados a computadores pessoais (por exemplo, MS-DOS, Windows).

4. **Sistemas operativos modernos (década de 1990 até à atualidade)**

- o **Redes e Internet:** Integração das capacidades de rede no sistema operativo (por exemplo, UNIX, Linux, Windows NT).
- o **Sistemas operativos móveis:** Desenvolvimento de sistemas operativos para dispositivos móveis (por exemplo, Android, iOS).

Tipos de sistemas operativos

1. **Sistemas operativos de lotes**

   o Executa lotes de trabalhos sem interação do utilizador.

2. **Sistemas operativos de partilha de tempo**

   o Permite a interação simultânea de vários utilizadores com o computador.

3. **Sistemas operativos em tempo real (RTOS)**

   o Fornece processamento e resposta imediatos para aplicações em tempo real.

4. **Sistemas operativos distribuídos**

   o Gere um grupo de computadores independentes e fá-los aparecer como um sistema único e coerente.

5. **Sistemas operativos de rede**

   o Fornece serviços a computadores ligados numa rede.

6. **Sistemas operativos móveis**

   o Concebidos especificamente para dispositivos móveis (por exemplo, smartphones, tablets).

Objectivos e desafios dos sistemas operativos

1. **Eficiência**

   o Otimizar a utilização de recursos (CPU, memória, dispositivos de E/S).

2. **Conveniência**

   o Fornecer uma interface de fácil utilização e abstracções para simplificar a interação do utilizador com o hardware.

3. **Segurança**

   o Assegurar a proteção dos dados e dos recursos contra o acesso não autorizado e as vulnerabilidades.

4. **Desafios**

   o **Concorrência:** Gerir vários processos em execução em simultâneo.

   o **Deadlocks:** Tratamento de situações em que os processos ficam presos à espera uns dos outros.

   o **Ameaças à segurança:** Proteger o sistema contra ataques maliciosos.

o **Integração hardware-software:** Assegurar a compatibilidade e a comunicação eficiente entre os componentes de hardware e software.

Os sistemas operativos são a espinha dorsal dos sistemas informáticos, permitindo uma gestão eficiente dos recursos, a interação dos utilizadores e a execução de aplicações. A sua evolução tem acompanhado os avanços no hardware e nas necessidades dos utilizadores, conduzindo aos sofisticados e diversificados sistemas operativos utilizados atualmente. A compreensão destes conceitos fundamentais é essencial para mergulhar em tópicos mais avançados e explorar as capacidades e inovações dos sistemas operativos modernos.

1.2 Objectivo do sistema operativo:

Os principais objectivos de um sistema operativo (SO) são garantir que um sistema informático funcione de forma eficiente e eficaz, fornecendo uma interface de fácil utilização e gerindo os recursos para satisfazer as necessidades das aplicações e dos utilizadores. Eis os principais objectivos:

1. **Gestão de recursos**

- **Utilização eficiente de recursos:** O SO gere os recursos de hardware, como a CPU, a memória, os dispositivos de E/S e o armazenamento, para maximizar o desempenho e a eficiência do sistema.
- **Alocação justa de recursos:** Garante que todos os processos e utilizadores têm acesso justo aos recursos do sistema, impedindo que um único processo ou utilizador monopolize os recursos.

2. **Gestão de processos**

- **Programação de processos:** Programa processos de forma eficiente para garantir a utilização óptima da CPU e a capacidade de resposta. Implementa algoritmos de programação para equilibrar a carga e garantir a execução atempada dos processos.
- **Multitarefa:** Suporta a execução de vários processos em simultâneo, dando a ilusão de paralelismo aos utilizadores e às aplicações.

3. Gestão da memória

- **Atribuição de memória:** Aloca e desaloca espaço de memória conforme necessário para diferentes processos, garantindo o uso eficiente da RAM.
- **Memória virtual:** Estende a memória física usando espaço em disco, permitindo a execução de processos maiores e melhorando a capacidade de resposta do sistema.

4. Gestão do sistema de ficheiros

- **Organização de ficheiros:** Organiza e gere ficheiros em dispositivos de armazenamento, fornecendo uma estrutura hierárquica para facilitar a recuperação e gestão de ficheiros.
- **Controlo de acesso:** Gere as permissões para garantir o acesso seguro e autorizado a ficheiros e directórios.

5. Gestão do sistema de E/S

- **Gestão de dispositivos:** Gere os dispositivos de entrada e saída, fornecendo uma interface uniforme para a comunicação entre dispositivos e tratando as operações específicas dos dispositivos através de controladores.
- **Armazenamento em buffer e cache:** Utiliza técnicas de armazenamento em buffer e cache para melhorar a eficiência e a velocidade das operações de E/S.

6. Segurança e proteção

- **Autenticação do utilizador:** Garante que apenas os utilizadores autorizados podem aceder ao sistema, utilizando técnicas como palavras-passe, biometria e autenticação multifactor.
- **Controlo de acesso:** Aplica políticas para controlar o que os utilizadores e os processos podem fazer com os recursos, protegendo a integridade dos dados e do sistema.
- **Encriptação de dados:** Fornece mecanismos para encriptar dados, garantindo a confidencialidade e a proteção contra o acesso não autorizado.

7. Interface do utilizador

- **Interface de linha de comando (CLI):** Fornece uma interface baseada em texto para os utilizadores interagirem com o sistema através de comandos.
- **Interface gráfica do utilizador (GUI):** Oferece uma interface visual com janelas, ícones e menus, melhorando a experiência do utilizador e a facilidade de utilização.

8. Estabilidade e fiabilidade do sistema

- **Tratamento de erros:** Detecta e trata os erros para evitar falhas no sistema e garantir um funcionamento contínuo.
- **Tolerância a falhas:** Implementa mecanismos de recuperação de falhas de hardware ou software, mantendo a estabilidade do sistema.

9. Comunicação entre processos (IPC)

- **Mecanismos de comunicação:** Fornece mecanismos como memória compartilhada, passagem de mensagens, pipes e sockets para que os processos se comuniquem e sincronizem entre si.
- **Coordenação:** Garante que os processos podem coordenar as suas actividades, permitindo que aplicações e serviços complexos funcionem corretamente.

10. Otimização do desempenho

- **Ajuste do sistema:** Permite que os administradores do sistema ajustem os parâmetros de desempenho e optimizem o comportamento do sistema para cargas de trabalho e aplicações específicas.
- **Monitorização de recursos:** Monitoriza o desempenho do sistema e a utilização de recursos, fornecendo ferramentas para diagnóstico e otimização.

11. Suporte para redes e sistemas distribuídos

- **Serviços de rede:** Fornece suporte para redes, permitindo a comunicação entre computadores e o acesso a recursos de rede.

- **Computação distribuída:** Facilita os ambientes de computação distribuída em que os recursos são partilhados por vários sistemas, melhorando a escalabilidade e a tolerância a falhas.

Os objectivos de um sistema operativo incluem a gestão eficiente dos recursos, a disponibilização de uma interface de fácil utilização, a garantia de segurança e proteção e a manutenção da estabilidade e fiabilidade do sistema. Ao cumprir estes objectivos, o SO cria um ambiente informático robusto e eficiente que suporta as necessidades dos utilizadores e das aplicações.

Referências:

Livro:

1. "Operating System Concepts" de Abraham Silberschatz, Peter B. Galvin e Greg Gagne
2. "Modern Operating Systems" de Andrew S. Tanenbaum e Herbert Bos
3. "Sistemas Operativos: Three Easy Pieces" por Remzi H. Arpaci-Dusseau e Andrea C. Arpaci-Dusseau
4. "Sistemas Operativos: Internos e Princípios de Conceção" de William Stallings
5. "Linux Kernel Development" por Robert Love

Sítio Web:

1. Arquivos do kernel Linux
2. Microsoft Docs: Aspectos internos do sistema operativo Windows
3. O Grupo Aberto: Especificações UNIX
4. Projeto GNU
5. Biblioteca digital da ACM

Capítulo 2: Gerenciamento de processos e threads

2.1 Programação avançada de processos

O agendamento avançado de processos envolve uma série de técnicas e algoritmos concebidos para otimizar a utilização dos recursos da CPU, melhorar o desempenho do sistema e garantir a equidade entre processos. Abaixo estão os principais tipos de agendamento avançado de processos:

1. Programação de filas multinível

Conceito:

- Divide os processos em várias filas com base na sua prioridade ou tipo (por exemplo, processos de sistema, processos interactivos, processos de lote).

Mecanismo:

- Cada fila tem o seu próprio algoritmo de programação, que pode ser diferente para cada fila.
- Os processos são permanentemente atribuídos a uma fila quando entram no sistema.

Vantagens:

- Manuseamento especializado para diferentes tipos de processos.
- Aumenta a eficiência, adaptando as políticas de programação às características do processo.

Desvantagens:

- Possibilidade de os processos de menor prioridade sofrerem de inanição se as filas de espera de maior prioridade estiverem sempre cheias.

2. Programação de filas de espera com feedback multinível

Conceito:

- Semelhante à programação de filas multinível, mas permite que os processos se desloquem entre filas com base no seu comportamento e requisitos.

Mecanismo:

- Um processo pode ser despromovido para uma fila de menor prioridade se utilizar demasiado tempo de CPU ou promovido se esperar demasiado tempo.
- Ajuste dinâmico baseado no histórico de execução do processo.

Vantagens:

- Adaptável à evolução das necessidades dos processos.
- Ajuda a evitar que os processos menos prioritários deixem de ser executados.

Desvantagens:

- Complexo para implementar e ajustar os parâmetros para mover processos entre filas.

3. Programação de partilha equitativa

Conceito:

- Atribui tempo de CPU com base em quotas de utilizadores ou grupos, assegurando uma distribuição justa dos recursos.

Mecanismo:

- A cada utilizador ou grupo é atribuída uma determinada percentagem de tempo de CPU.
- O programador garante que a utilização efectiva corresponde às quotas atribuídas.

Vantagens:

- Equidade em ambientes multi-utilizadores.

- Garante que nenhum utilizador ou grupo monopoliza os recursos.

Desvantagens:

- Pode nem sempre otimizar o desempenho individual do processo.
- Complexo para gerir quotas e garantir a equidade.

4. Programação de prioridades com envelhecimento

Conceito:

- Atribui níveis de prioridade aos processos, em que o envelhecimento é utilizado para aumentar gradualmente a prioridade dos processos em espera.

Mecanismo:

- Os processos são agendados com base na sua prioridade.
- O envelhecimento aumenta gradualmente a prioridade dos processos que estão a aguardar há muito tempo.

Vantagens:

- Equilibra a equidade e o tratamento prioritário.
- Evita a inanição, garantindo que todos os processos obtenham tempo de CPU.

Desvantagens:

- Requer uma afinação cuidadosa para equilibrar o desempenho e a equidade.

5. Algoritmos de programação em tempo real

Programação monotónica da taxa (RMS):

- **Conceito:** Prioridade fixa atribuída com base na periodicidade do processo.
- **Mecanismo:** Os processos com períodos mais curtos têm maior prioridade.
- **Vantagens:** Simplicidade e previsibilidade na programação de tarefas periódicas.
- **Desvantagens:** Limitado a sistemas de prioridade fixa e pode não tratar de forma óptima todas as tarefas em tempo real.

Prazo mais curto primeiro (EDF):

- **Conceito:** Prioridade dinâmica baseada no prazo mais curto.
- **Mecanismo:** Os processos são agendados por ordem dos seus prazos.
- **Vantagens:** Ótimo para sistemas preemptivos; garante o cumprimento do prazo.
- **Desvantagens:** Complexidade na gestão das prioridades dinâmicas e no tratamento das ultrapassagens de tarefas.

6. Programação de quotas proporcionais

Conceito:

- Distribui o tempo de CPU proporcionalmente com base nos pesos ou bilhetes atribuídos.

Mecanismo:

- Técnicas como o Weighted Fair Queuing (WFQ) e o Lottery Scheduling atribuem o tempo de CPU de acordo com a proporção de pesos ou bilhetes detidos por cada processo.

Vantagens:

- Distribuição justa de recursos com base em critérios predefinidos.
- Flexibilidade no ajustamento das ponderações do processo.

Desvantagens:

- Complexidade na atribuição e manutenção de pesos ou bilhetes.
- Potenciais despesas gerais de gestão do sistema de quotas proporcionais.

7. Programação de multiprocessamento simétrico (SMP)

Conceito:

- Gerencia o agendamento de processos em várias CPUs em sistemas de multiprocessamento simétrico.

Mecanismo:

- O balanceamento de carga garante uma distribuição uniforme dos processos pelas CPUs.
- A afinidade de processador mantém os processos na mesma CPU para tirar proveito da memória cache.

Vantagens:

- Desempenho e escalabilidade melhorados em sistemas multi-CPU.
- Melhor utilização da cache e redução da troca de contexto.

Desvantagens:

- Complexidade para assegurar uma distribuição eficiente da carga e tratar a afinidade dos processadores.

8. Programação com consciência energética

Conceito:

- Optimiza a programação de processos para reduzir o consumo de energia.

Mecanismo:

- Técnicas como o escalonamento dinâmico de tensão e frequência (DVFS) ajustam os estados de potência da CPU com base na carga de trabalho.

Vantagens:

- Redução do consumo de energia e aumento da duração da bateria em dispositivos móveis.
- Práticas informáticas respeitadoras do ambiente.

Desvantagens:

- Potenciais compensações em termos de desempenho.
- Complexidade na implementação de políticas conscientes em termos de energia

e equilíbrio com as necessidades de desempenho.

As técnicas avançadas de programação de processos são essenciais para otimizar o desempenho, a equidade e a eficiência dos sistemas operativos modernos. Ao compreender e aplicar estas estratégias sofisticadas de agendamento, os sistemas podem gerir melhor as exigências diversas e dinâmicas dos ambientes informáticos contemporâneos.

2.2 Modelos e bibliotecas de threading

Os modelos e as bibliotecas de threading desempenham um papel crucial na programação concorrente e paralela, permitindo que os programas executem várias operações de forma simultânea e eficiente. Aqui, vamos explorar os modelos de threading e algumas bibliotecas de threading comuns em várias linguagens de programação.

Modelos de rosca

1. **Tópicos ao nível do utilizador**:

   - Gerido por uma biblioteca ao nível do utilizador e não pelo sistema operativo.

   - Vantagens: Troca rápida de contexto, sem envolvimento do kernel, agendamento personalizável.

   - Desvantagens: Fraca integração com o SO, chamadas de sistema bloqueantes bloqueiam todas as threads.

2. **Threads ao nível do kernel**:

   - Gerido diretamente pelo sistema operativo.

   - Vantagens: Melhor integração com o sistema operativo, as threads individuais podem efetuar chamadas de sistema bloqueantes.

   - Desvantagens: Mudança de contexto mais lenta, maior sobrecarga devido ao envolvimento do kernel.

3. **Roscas híbridas (de dois níveis)**:

o Combinar threads ao nível do utilizador e ao nível do kernel.

o Vantagens: Flexibilidade das threads ao nível do utilizador com a robustez das threads ao nível do kernel.

o Desvantagens: Mais complexo de implementar e gerir.

Bibliotecas de threading

C/C++

1. **Threads POSIX (Pthreads):**

    o Fornece uma API padrão para criação e gerenciamento de threads.

    o Suportado em sistemas operativos do tipo Unix.

    o Exemplo de utilização:

```c
#include <pthread.h>

void *thread_func(void *arg) {

    // Thread code here

    }
int main() {

    pthread_t thread;

    pthread_create(&thread, NULL, thread_func, NULL);

    pthread_join(thread, NULL);

}
```

2. **Threads do Windows:**

    o API específica do Windows para gestão de threads.
    o Exemplo de utilização:

```cpp
#include <windows.h>

DWORD WINAPI thread_func(LPVOID lpParam) {

    // Thread code here

}

int main() {

    HANDLE thread = CreateThread(NULL, 0, thread_func, NULL, 0,
NULL);

    WaitForSingleObject(thread, INFINITE);

    CloseHandle(thread);

}
```

3. **Threads C++11**:
   - o Suporte padronizado a threading introduzido no C++11.
   - o Exemplo de utilização:

```cpp
#include <thread>

void thread_func() {

    // Thread code here

}

int main() {

    std::thread t(thread_func);

    t.join();

}
```

Java

1. **Java Threads**:

   o Parte do pacote java.lang.

   o Pode ser criado estendendo a classe `Thread` ou implementando a interface `Runnable`.

   o Exemplo de utilização:

```java
class MyThread extends Thread {

    public void run() {

        // Thread code here

    }

}

public class Main {

    public static void main(String[] args) {

        MyThread t = new MyThread();

        t.start();

    }
}
```

2. **Quadro de executores**:

   o Parte do pacote java.util.concurrent.

   o Fornece uma API de nível superior para gerir threads.

   o Exemplo de utilização:

```java
import java.util.concurrent.ExecutorService;

import java.util.concurrent.Executors;

public class Main {

    public static void main(String[] args) {

        ExecutorService        executor    =
Executors.newFixedThreadPool(2);

        executor.submit(() -> {

            // Thread code here

        });

        executor.shutdown();

    }

}
```

Python

1. **Módulo de enfiamento**:
   - o Módulo incorporado para a gestão dos fios.
   - o Exemplo de utilização:

```python
import threading

def thread_func():

    # Thread code here
```

```python
t = threading.Thread(target=thread_func)

t.start()

t.join()
```

2. **módulo concurrent.futures**:

- o Fornece uma interface de alto nível para funções de execução assíncrona.

```python
from concurrent.futures import ThreadPoolExecutor

def thread_func():
    # Thread code here
with ThreadPoolExecutor(max_workers=2) as executor:
    executor.submit(thread_func)
```

Ir

1. **Rotinas**:

- o Threads leves geridos pelo tempo de execução Go.
- o Exemplo de utilização:

```go
package main

import (

    "fmt"

    "time"

)

func thread_func() {

    fmt.Println("Thread code here")

}

func main()

                {

go thread_func()

time.Sleep(time.Second)

}
```

Os modelos e as bibliotecas de threading fornecem a infraestrutura necessária para a programação simultânea e paralela. Compreender as vantagens e desvantagens dos diferentes modelos de threading, juntamente com as bibliotecas e estruturas adequadas, é crucial para o desenvolvimento eficiente e eficaz de aplicações multithread.

2.3 Sincronização e Deadlock

A sincronização e o impasse são conceitos fundamentais na programação concorrente, cruciais para garantir a execução eficiente e fiável de várias threads ou processos.

A sincronização envolve a coordenação das actividades de threads concorrentes para garantir que funcionam corretamente e em segurança num ambiente partilhado. Isto é necessário porque as threads concorrentes acedem frequentemente a recursos partilhados, como variáveis, estruturas de dados ou dispositivos de E/S, em simultâneo. Sem mecanismos de sincronização adequados, podem ocorrer comportamentos imprevisíveis e erróneos, como condições de corrida em que o resultado depende da ordenação não determinística da execução das threads. Técnicas como bloqueios (mutexes), semáforos e variáveis de condição são usadas para reforçar a sincronização. Os bloqueios garantem o acesso exclusivo a recursos partilhados, enquanto os semáforos controlam o acesso a um número finito de recursos e as variáveis de condição permitem que as threads aguardem por condições específicas antes de prosseguirem.

O deadlock, por outro lado, é uma situação em que duas ou mais threads ou processos não conseguem prosseguir porque cada um está à espera de um recurso detido por outro, formando uma dependência circular. Por exemplo, se a Thread A detém o recurso X e aguarda o recurso Y, e a Thread B detém o recurso Y e aguarda o recurso X, estão num impasse. Os impasses podem surgir quando os recursos não são geridos corretamente, normalmente devido à falta de sincronização adequada ou de estratégias de atribuição de recursos. Para atenuar os impasses, são utilizadas técnicas como a prevenção de impasses (assegurando que não ocorrem as condições necessárias para o impasse), a prevenção de impasses (assegurando que a atribuição de recursos não conduz a um impasse) e a deteção de impasses (identificando e recuperando impasses).

Em resumo, a sincronização garante o acesso ordenado a recursos partilhados entre threads concorrentes, evitando inconsistências de dados e condições de corrida. O deadlock, por outro lado, representa um estado em que várias threads ficam presas indefinidamente, incapazes de progredir devido a dependências de recursos conflitantes. Compreender e gerir eficazmente a sincronização e o deadlock são essenciais para desenvolver sistemas de software concorrentes robustos e fiáveis.

A sincronização na programação simultânea garante que vários threads ou processos coordenem o seu acesso a recursos partilhados para evitar conflitos e manter a consistência. Os principais mecanismos de sincronização incluem:

- **Bloqueios (Mutexes)**: Utilizados para impor a exclusão mútua, permitindo que apenas um thread de cada vez aceda a uma secção crítica do código ou a um recurso partilhado.
- **Semáforos**: Mecanismos de contagem que controlam o acesso a um número finito de recursos, permitindo que as threads esperem até que um recurso esteja disponível.
- **Variáveis de condição**: Usadas para sinalização de threads, permitindo que as

threads esperem até que uma condição específica seja verdadeira antes de prosseguir.

Impasse

O deadlock ocorre quando dois ou mais threads ou processos não conseguem prosseguir porque cada um deles está à espera de um recurso detido por outro, formando uma dependência circular.

Condições para o impasse:

1. **Exclusão mútua**: Pelo menos um recurso deve ser mantido num modo não partilhável (por exemplo, acesso exclusivo através de bloqueios).
2. **Manter e esperar**: os processos que atualmente detêm recursos podem solicitar recursos adicionais.
3. **Sem preempção**: Os recursos não podem ser retirados à força dos processos que os detêm.
4. **Espera circular**: Existe uma cadeia circular de processos, em que cada processo está à espera de um recurso detido pelo processo seguinte na cadeia.

A compreensão destes conceitos é fundamental para a conceção de sistemas concorrentes robustos que evitem cenários de impasse e sincronizem eficazmente o acesso a recursos partilhados.

Referências:

Livro:

1. "Operating System Concepts" de Abraham Silberschatz, Peter B. Galvin e Greg Gagne

2. "Modern Operating Systems" de Andrew S. Tanenbaum e Herbert Bos
3. "Sistemas Operativos: Three Easy Pieces" por Remzi H. Arpaci-Dusseau e Andrea C. Arpaci-Dusseau
4. "Sistemas Operativos: Internos e Princípios de Conceção" de William Stallings
5. "Linux Kernel Development" por Robert Love

Sítio Web:

1. Arquivos do kernel Linux
2. Microsoft Docs: Aspectos internos do sistema operativo Windows
3. O Grupo Aberto: Especificações UNIX
4. Projeto GNU
5. Biblioteca digital da ACM

Capítulo 3: Gestão da memória

3.1 Paging e segmentação avançados

O paginação e a segmentação são técnicas de gestão de memória utilizadas nos sistemas operativos para gerir a forma como os processos acedem e utilizam a memória:

Paging

O paginação divide a memória física em blocos de tamanho fixo chamados **páginas** e organiza a memória lógica (usada pelos processos) em blocos do mesmo tamanho chamados **quadros**. O sistema operativo mantém uma **tabela de páginas** para cada processo, mapeando endereços lógicos para endereços físicos.

- **Vantagens**:
    - Simplifica a atribuição de memória.
    - Utilização eficiente da memória física.
    - Simplifica a proteção e a partilha da memória.
    - Suporta a atribuição de memória não contígua.
- **Desvantagens**:
    - Fragmentação interna devido ao tamanho fixo da página.
    - Despesas gerais de manutenção e acesso a tabelas de páginas.
    - Potencial para thrashing (troca excessiva de páginas).

Segmentação

A segmentação divide o espaço de endereçamento lógico de um programa em segmentos de tamanho variável, cada um representando uma unidade lógica (como código, dados, pilha). Os segmentos são mapeados para a memória física de forma independente.

- **Vantagens**:
    - Suporta a organização lógica da memória.
    - Permite a atribuição flexível de memória.
    - Facilita a partilha e a proteção dos segmentos.
- **Desvantagens**:

o Fragmentação externa se os segmentos tiverem tamanhos diferentes.

o Complexidade na gestão e endereçamento da memória.

Comparação:

- **Gestão da memória**: O paginamento gerencia a memória em unidades de tamanho fixo (páginas), enquanto a segmentação divide a memória com base em unidades lógicas (segmentos).

- **Flexibilidade**: A segmentação permite unidades de tamanho variável, tornando-a mais flexível para diferentes estruturas de programas, enquanto a paginação simplifica a atribuição e gestão de memória através da utilização de páginas de tamanho uniforme.

- **Combinação**: Muitos sistemas modernos usam uma combinação de paginação e segmentação (chamada **segmentação paginada** ou **paginação segmentada**) para combinar os benefícios de ambas as técnicas.

Em resumo, a paginação e a segmentação são estratégias fundamentais para organizar e gerir a memória de forma eficiente nos sistemas operativos, cada uma com os seus pontos fortes e fracos, dependendo dos requisitos específicos do sistema e das aplicações nele executadas.

3.2 Memória virtual e tradução de endereços

A memória virtual e a tradução de endereços são conceitos críticos nos sistemas operativos modernos, permitindo uma utilização eficiente da memória física e simplificando a gestão da memória para os processos:

Memória virtual

A memória virtual fornece uma camada de abstração entre a memória física (RAM) e a memória lógica vista pelos processos. Ela permite que os programas aloquem mais memória do que a fisicamente disponível e fornece a ilusão de um espaço de endereço grande e contíguo.

- **Características principais**:
  - **Espaço de endereços**: Cada processo tem o seu próprio espaço de endereçamento virtual, normalmente variando de 0 a um endereço máximo.
  - **Demand Paging**: Apenas partes de um programa são carregadas na memória quando necessário, reduzindo o espaço de memória inicial e permitindo uma utilização mais eficiente da memória.
  - **Substituição de páginas**: Quando a memória física está cheia, o sistema operativo troca as páginas menos utilizadas para o disco, permitindo que as páginas mais críticas residam na RAM.

Tradução de endereços

A tradução de endereços converte os endereços virtuais utilizados por um programa em endereços físicos na RAM. Envolve componentes de hardware (MMU - Memory Management Unit) e de software (sistema operativo) que trabalham em conjunto:

- **MMU (Memory Management Unit)**: Componente de hardware responsável pela tradução de endereços virtuais para endereços físicos. Utiliza uma **tabela de páginas** mantida pelo sistema operativo.
- **Tabela de páginas**: Uma estrutura de dados mantida pelo sistema operativo para cada processo, mapeando endereços virtuais para endereços físicos. Cada entrada na tabela de páginas corresponde a uma página de memória.
- **Processo de tradução**: Quando um programa acede a um endereço virtual, a MMU traduz este endereço utilizando a tabela de páginas para encontrar o endereço físico correspondente. Se a página necessária não estiver na memória física (ocorre uma falha de página), o sistema operativo vai buscá-la ao armazenamento secundário (normalmente o disco) para a RAM.

Benefícios e desafios

- **Benefícios**:
  - **Eficiência**: Permite que os programas utilizem mais memória do que a fisicamente disponível.

- o **Isolamento**: Garante que os processos não interfiram na memória uns dos outros.
  - o **Flexibilidade**: Simplifica a gestão da memória e suporta multitarefas.
- **Desafios**:
  - o **Sobrecarga**: Gerir tabelas de páginas e efetuar a conversão de endereços acrescenta custos adicionais aos acessos à memória.
  - o **Fragmentação**: Os sistemas de memória virtual podem sofrer de fragmentação devido à atribuição não contígua de páginas de memória física.

A memória virtual e a tradução de endereços são fundamentais para a computação moderna, permitindo uma utilização eficiente dos recursos e proporcionando um ambiente estável e seguro para a execução de vários processos em simultâneo.

3.3 Técnicas de atribuição de memória

As técnicas de atribuição de memória nos sistemas operativos referem-se a métodos utilizados para atribuir memória a programas e processos de forma eficiente. Aqui estão algumas das principais técnicas de alocação de memória:

1. Atribuição de memória contígua

Na alocação de memória contígua, é atribuído a cada processo um bloco contíguo de memória. Existem diversas variações desta técnica:

- **Atribuição de uma única partição**:
  - o A memória está dividida em duas partições: uma para o sistema operativo e outra para os processos do utilizador.
  - o Simples e eficiente, mas pode levar à fragmentação interna (memória não utilizada dentro de uma partição).
- **Particionamento fixo**:
  - o A memória é dividida em partições de tamanho fixo e cada processo é alocado a uma partição suficientemente grande para o acomodar.
  - o Reduz a fragmentação interna, mas limita o tamanho dos processos que

podem ser acomodados.

- **Particionamento dinâmico**:
    - o As partições são criadas dinamicamente para acomodar processos de tamanhos variados. o Aborda a fragmentação interna melhor do que o particionamento fixo, mas requer um gerenciamento eficiente da memória para alocar e desalocar partições.

2. Atribuição de memória não contígua

As técnicas de atribuição de memória não contígua permitem atribuir aos processos memória dispersa pela memória física. As principais técnicas incluem:

- **Paging**:
    - o Divide a memória física em páginas de tamanho fixo e aloca memória para processos nessas unidades fixas.
    - o Simplifica a gestão da memória e suporta eficazmente os sistemas de memória virtual.

Segmentação:

-

- o Divide o espaço de endereçamento lógico de um programa em segmentos de tamanho variável (código, dados, pilha) e atribui memória a esses segmentos de forma independente.
- o Proporciona flexibilidade, mas pode conduzir a uma fragmentação externa.

Estratégias de atribuição de memória:

- **Primeiro ajuste, Melhor ajuste, Pior ajuste**:
    - o **Primeiro ajuste**: Atribui a primeira partição disponível que é suficientemente grande para acomodar o processo.
    - o **Melhor ajuste**: Atribui a menor partição que é grande o suficiente para acomodar o processo, minimizando a fragmentação.
    - o **Pior ajuste**: Atribui a maior partição disponível, potencialmente deixando buracos maiores e aumentando a fragmentação.
- **Sistema de amigos**:

o Aloca a memória em potências de dois (buddy blocks), permitindo uma alocação e desalocação eficientes.

o Reduz a fragmentação, mas pode ser menos eficiente para alocações mais pequenas.

Considerações:

- **Fragmentação**: A fragmentação interna (dentro de uma partição) e externa (entre partições) pode afetar a utilização e o desempenho da memória.
- **Sobrecarga**: As técnicas de atribuição e gestão de memória introduzem custos adicionais em termos de tempo e espaço, afectando o desempenho do sistema.
- **Concorrência**: As técnicas devem permitir o acesso e a atribuição simultâneos por vários processos sem causar conflitos ou incoerências.

Estas técnicas são cruciais para a gestão eficiente da memória nos sistemas operativos modernos, garantindo um desempenho e uma utilização de recursos óptimos em vários tipos de aplicações e processos.

Referências:

Livro:

1. "Operating System Concepts" de Abraham Silberschatz, Peter B. Galvin e Greg Gagne
2. "Modern Operating Systems" de Andrew S. Tanenbaum e Herbert Bos
3. "Sistemas Operativos: Three Easy Pieces" por Remzi H. Arpaci-Dusseau e Andrea C. Arpaci-Dusseau
4. "Sistemas Operativos: Internos e Princípios de Conceção" de William Stallings
5. "Linux Kernel Development" por Robert Love

Sítio Web:

1. Arquivos do kernel Linux
2. Microsoft Docs: Aspectos internos do sistema operativo Windows
3. O Grupo Aberto: Especificações UNIX
4. Projeto GNU
5. Biblioteca digital da ACM

Capítulo 4: Sistemas de ficheiros e armazenamento

4.1 Estruturas avançadas do sistema de ficheiros

Uma estrutura de sistema de ficheiros refere-se à organização e disposição dos ficheiros e directórios num dispositivo de armazenamento (como um disco rígido) gerido por um sistema operativo. Aqui está uma visão geral dos componentes normalmente encontrados numa estrutura de sistema de ficheiros:

1. Ficheiro

Um ficheiro é um conjunto de informações relacionadas armazenadas no armazenamento secundário. Pode conter texto, dados, programas ou multimédia.

2. Diretório

Um diretório (ou pasta) é um tipo especial de ficheiro que contém referências a outros ficheiros e directórios. Fornece uma organização hierárquica para organizar ficheiros.

3. Metadados do ficheiro

Cada ficheiro e diretório está associado a metadados que descrevem os seus atributos e características. Os metadados comuns incluem:

- **Nome do ficheiro**: Nome do ficheiro ou diretório.
- **Tipo de ficheiro**: Tipo de conteúdo (por exemplo, ficheiro de texto, ficheiro executável).
- **Tamanho**: Tamanho do ficheiro em bytes.
- **Localização**: Localização física no dispositivo de armazenamento.
- **Permissões**: Permissões de acesso (leitura, escrita, execução) para utilizadores e grupos.
- **Carimbos de data/hora**: Carimbos de data e hora de criação, modificação e acesso.

4. Operações do sistema de ficheiros

Os sistemas de ficheiros suportam normalmente várias operações para gerir ficheiros e directórios:

- **Criar**: Criar um novo ficheiro ou diretório.
- **Eliminar**: Remover um ficheiro ou diretório.
- **Abrir/Fechar**: Abrir um ficheiro para leitura ou escrita e fechá-lo quando terminar.

- **Ler/Escrever**: Ler dados de um ficheiro ou escrever dados num ficheiro.
- **Renomear/Mover**: Alterar o nome ou a localização de um ficheiro ou diretório.
- **Gestão de permissões**: Definir permissões e controlo de acesso para ficheiros e directórios.
- **Integridade do sistema de ficheiros**: Assegurar a consistência dos dados e a capacidade de recuperação em caso de falhas.

5. Tipos de sistemas de ficheiros

Existem vários tipos de sistemas de ficheiros utilizados por diferentes sistemas operativos:

- **FAT (tabela de atribuição de ficheiros)**: Utilizada por versões mais antigas do Windows e compatível com vários dispositivos.
- **NTFS (New Technology File System)**: Utilizado pelas versões modernas do Windows, oferecendo funcionalidades como a encriptação e a compressão.
- **ext4 (Fourth Extended File System)**: Utilizado habitualmente pelas distribuições Linux, que suporta ficheiros de grandes dimensões e partições.
- **HFS+ (Hierarchical File System Plus)**: Utilizado pelo macOS para organizar e gerir ficheiros.
- **APFS (Apple File System)**: Sistema de ficheiros moderno utilizado pelo macOS com funcionalidades como instantâneos e encriptação.

6. Layout do sistema de arquivos

O esquema do sistema de ficheiros define a forma como os ficheiros e directórios são organizados e acedidos no dispositivo de armazenamento. Inclui:

- **Particionamento**: Dividir o dispositivo de armazenamento físico em partições (divisões lógicas).

- **Unidades de alocação**: Dividir as partições em unidades mais pequenas para armazenar ficheiros (clusters ou blocos).
- **Estrutura de directórios**: Organização hierárquica de directórios e subdirectórios.

7. Segurança do sistema de ficheiros

Os sistemas de ficheiros incluem mecanismos para garantir a segurança e a integridade dos dados:

- **Listas de controlo de acesso (ACLs)**: Definir permissões para utilizadores e grupos.
- **Encriptação**: Proteja dados sensíveis encriptando ficheiros e directórios.
- **Registo no diário**: Registar as alterações ao sistema de ficheiros para facilitar a recuperação rápida em caso de falhas do sistema.

Em geral, a estrutura de um sistema de ficheiros desempenha um papel crucial na gestão eficiente e segura dos dados nos dispositivos de armazenamento, fornecendo uma base para a organização e acesso aos ficheiros nos sistemas operativos. Diferentes sistemas de ficheiros oferecem várias funcionalidades e optimizações adequadas a diferentes tipos de aplicações e requisitos dos utilizadores.

4.2 Desempenho e fiabilidade do sistema de ficheiros

O desempenho e a fiabilidade do sistema de ficheiros são aspectos críticos dos ambientes informáticos modernos, garantindo o armazenamento, a recuperação e a integridade eficientes dos dados. Aqui está uma visão geral destes conceitos:

Desempenho do sistema de ficheiros

O desempenho do sistema de ficheiros refere-se à eficácia e eficiência com que o sistema de ficheiros gere e acede aos dados. Os principais factores que influenciam o desempenho do sistema de ficheiros incluem:

1. **Taxa de transferência**: A taxa à qual os dados podem ser lidos ou escritos no sistema de ficheiros, frequentemente medida em bytes por segundo (Bps).

2. **Latência**: O tempo de atraso entre o início de um pedido (leitura ou escrita) e a receção de uma resposta. Uma latência mais baixa indica um acesso mais rápido.

3. **Operações de E/S por segundo (IOPS)**: O número de operações de leitura/escrita que podem ser realizadas num segundo. IOPS elevados indicam geralmente um bom desempenho.

4. **Caching**: Utilização da memória (RAM) para armazenar dados frequentemente acedidos, reduzindo a necessidade de aceder a um armazenamento mais lento (disco).

5. **Layout e estrutura do sistema de arquivos**: A organização de ficheiros, directórios e metadados afecta a rapidez com que os dados podem ser localizados e acedidos.

6. **Tipo de sistema de ficheiros**: Os diferentes sistemas de ficheiros (por exemplo, NTFS, ext4, APFS) têm características de desempenho e optimizações diferentes.

Melhorar o desempenho do sistema de ficheiros:

- **Desfragmentação**: Reorganização de dados fragmentados no disco para melhorar o acesso sequencial.
- **Otimização do tamanho do bloco**: Ajustar o tamanho dos blocos de dados (clusters) atribuídos aos ficheiros para um melhor desempenho.

- **Utilização de SSDs**: As unidades de estado sólido (SSD) oferecem velocidades de leitura/escrita mais rápidas em comparação com as unidades de disco rígido (HDD) tradicionais.
- **Ajuste do sistema de arquivos**: Ajustar os parâmetros e as configurações do sistema de ficheiros com base na carga de trabalho e nos padrões de utilização.

Fiabilidade do sistema de ficheiros

A fiabilidade do sistema de ficheiros garante que os dados são armazenados e recuperados de forma precisa e consistente, sem corrupção ou perda. Os principais aspectos da fiabilidade do sistema de ficheiros incluem:

1. **Integridade dos dados**: Garantir que os dados permanecem inalterados e consistentes ao longo do tempo, protegidos de erros ou corrupção.

2. **Tolerância a falhas**: A capacidade do sistema de ficheiros de continuar a funcionar e a recuperar de erros, falhas de hardware ou encerramentos inesperados.

3. **Registo no diário**: Registo das alterações ao sistema de ficheiros num diário (registo) para facilitar a recuperação rápida e manter a consistência após falhas.

4. **Redundância**: Utilização de técnicas como RAID (Redundant Array of Independent Disks) para criar cópias redundantes de dados para tolerância a falhas.

5. **Cópia de segurança e restauro**: Efetuar regularmente cópias de segurança dos dados para armazenamento externo ou serviços de nuvem para recuperar de perda ou corrupção de dados.

Garantir a fiabilidade do sistema de ficheiros:

- **Verificação do sistema de ficheiros (fsck)**: Verifica e repara regularmente as inconsistências do sistema de ficheiros.
- **Verificações de integridade dos dados**: Verificação da integridade dos dados através de somas de controlo ou de mecanismos de verificação de erros.
- **Configurações de RAID**: Implementação de níveis de RAID (por exemplo, RAID 1, RAID 5) para proteção contra falhas de disco.
- **Estratégias de cópia de segurança**: Estabelecimento de planos e procedimentos de cópia de segurança abrangentes para restaurar os dados em caso de falhas.

Tanto o desempenho como a fiabilidade são considerações críticas ao conceber, implementar e gerir sistemas de ficheiros. O equilíbrio destes factores garante que os sistemas de ficheiros satisfazem as necessidades dos utilizadores e das aplicações, fornecendo simultaneamente uma solução de armazenamento robusta e fiável.

4.3 Tecnologias e tendências de armazenamento

As tecnologias de armazenamento evoluem continuamente para satisfazer as crescentes exigências de capacidade, desempenho e fiabilidade em ambientes informáticos. Eis uma panorâmica das tecnologias de armazenamento actuais e das tendências emergentes:

Tecnologias de armazenamento

1. **Unidades de disco rígido (HDDs):**
   - **Descrição**: Dispositivos de armazenamento tradicionais que utilizam discos magnéticos giratórios para armazenar dados.
   - **Características**: Custo relativamente baixo por gigabyte, tempos de acesso mais lentos em comparação com os SSDs, adequado para armazenamento em massa.
   - **Variantes**: SATA (Serial ATA), SAS (Serial Attached SCSI) e HDDs maiores de nível empresarial.

2. **Unidades de estado sólido (SSDs):**
   - **Descrição**: dispositivos de armazenamento que utilizam memória flash (NAND ou NVMe) para armazenamento de dados.
   - **Características**: Tempos de acesso mais rápidos, menor consumo de energia e menos susceptíveis a danos físicos do que os HDD.
   - **Tipos**: SSDs SATA, SSDs PCIe/NVMe (desempenho superior) e fator de forma M.2 para designs compactos.

3. **Accionamentos híbridos:**
   - **Descrição**: Combina as tecnologias HDD e SSD para oferecer uma combinação de benefícios de capacidade e desempenho.
   - **Características**: Os dados acedidos frequentemente são armazenados em SSD para um acesso mais rápido, enquanto os dados acedidos menos frequentemente são armazenados em HDD para uma melhor relação custo-eficácia.

4. **Armazenamento em nuvem:**
   - **Descrição**: Serviços de armazenamento de dados fornecidos através da Internet por fornecedores de serviços em nuvem (por exemplo, AWS S3, Google Cloud Storage).
   - **Características**: Escalabilidade, flexibilidade e acessibilidade a partir de qualquer lugar com uma ligação à Internet. Oferece várias classes de armazenamento (por exemplo, quente, frio, arquivo) com base na

frequência de acesso e no custo.

5. **Armazenamento de objectos**:

- o **Descrição**: Armazena dados como objectos em vez de ficheiros ou blocos, com cada objeto contendo metadados.
- o **Características**: Escalabilidade até petabytes ou mais, adequada para dados não estruturados (por exemplo, ficheiros multimédia, cópias de segurança).

Tendências emergentes

1. **NVMe (Non-Volatile Memory Express)**:
   - o **Descrição**: Protocolo concebido para SSDs para tirar partido das capacidades de baixa latência e elevada largura de banda do flash NAND e das futuras memórias de classe de armazenamento.
   - o **Vantagens**: Melhora drasticamente as taxas de transferência de dados e reduz a latência em comparação com as interfaces de armazenamento tradicionais, como SATA e SAS.
2. **Memória de classe de armazenamento (SCM)**:
   - o **Descrição**: Tecnologias como a Intel Optane e a Samsung Z-NAND que esbatem a linha entre a memória e o armazenamento, oferecendo maior desempenho e menor latência do que os SSD.
   - o **Aplicações**: Aceleração de bancos de dados, cargas de trabalho de IA/ML e análises em tempo real.
3. **Gravação magnética com revestimento (SMR) e gravação magnética assistida por calor (HAMR)**:
   - o **Descrição**: Tecnologias HDD avançadas que aumentam a densidade e a capacidade de armazenamento.
   - o **Vantagens**: O SMR aumenta a densidade de área através da sobreposição de pistas, enquanto o HAMR utiliza lasers para aquecer a superfície do disco para escrever bits mais pequenos.
4. **Armazenamento definido por software (SDS)**:
   - o **Descrição**: Separa a gestão do armazenamento do hardware físico

utilizando a virtualização e a abstração.

- o **Vantagens**: Flexibilidade, escalabilidade e eficiência de custos através do agrupamento e automatização dos recursos de armazenamento em ambientes heterogéneos.

5. **Memória persistente (PMEM)**:

- o **Descrição**: Tecnologias como a Intel Optane DC Persistent Memory que fazem a ponte entre a DRAM e o armazenamento, oferecendo elevada capacidade e persistência.
- o **Vantagens**: Tempos de acesso mais rápidos em comparação com SSDs, adequados para bancos de dados e análises na memória.

À medida que os volumes de dados crescem exponencialmente e as exigências de desempenho aumentam, as tecnologias de armazenamento continuam a inovar. É provável que as tendências futuras se centrem na melhoria do desempenho, na redução da latência, no aumento da escalabilidade e na integração mais estreita do armazenamento com os recursos de computação e de rede, de modo a satisfazer as necessidades em evolução dos ambientes empresariais e de nuvem.

4.4 RAID e redundância de dados

RAID (Redundant Array of Independent Disks) é uma tecnologia que combina várias unidades de disco físicas numa única unidade lógica para melhorar o desempenho, a fiabilidade ou ambos. No centro das configurações RAID está o conceito de redundância de dados, que assegura que os dados permanecem acessíveis mesmo que um ou mais discos falhem. Aqui está uma visão geral dos níveis de RAID e da redundância de dados:

Níveis de RAID e redundância de dados

1. **RAID 0 (Striping)**:

- o **Descrição**: Os dados são distribuídos por vários discos sem redundância.
- o **Redundância de dados**: Sem redundância; se um disco falhar, ocorre perda de dados para toda a matriz.
- o **Desempenho**: Desempenho de leitura/escrita melhorado devido ao acesso

paralelo entre discos.

- o **Caso de uso**: Utilizado para aplicações sensíveis ao desempenho em que a redundância de dados é gerida a um nível superior (por exemplo, através de cópias de segurança).

2. **RAID 1 (espelhamento)**:

- o **Descrição**: Os dados são espelhados entre pares de discos.
- o **Redundância de dados**: Redundância completa; cada disco do par contém dados idênticos.
- o **Desempenho**: O desempenho de leitura pode melhorar (especialmente em aplicações de leitura intensiva), mas o desempenho de escrita é normalmente igual ao de um único disco.
- o **Caso de uso**: Fornece alta disponibilidade de dados e tolerância a falhas para dados críticos.

3. **RAID 5 (Striping with Parity)**:

- o **Descrição**: Os dados são distribuídos por faixas em vários discos, com informações de paridade distribuídas pelos discos.
- o **Redundância de dados**: Redundância através de paridade distribuída; pode suportar a falha de um disco sem perda de dados.
- o **Desempenho**: Desempenho equilibrado de leitura e escrita, adequado para ambientes que exigem um equilíbrio entre desempenho e redundância.
- o **Caso de uso**: Normalmente utilizado em ambientes empresariais para armazenamento de uso geral.

4. **RAID 6 (Striping com dupla paridade)**:

- o **Descrição**: Semelhante ao RAID 5, mas com dois blocos de paridade distribuídos.
- o **Redundância de dados**: Redundância através de paridade dupla; pode tolerar a falha de dois discos em simultâneo.
- o **Desempenho**: Desempenho de gravação ligeiramente inferior em comparação com o RAID 5 devido aos cálculos de paridade dupla.

o   **Caso de uso**: Fornece maior tolerância a falhas para aplicações críticas que requerem proteção de dados alargada.

5. **RAID 10 (RAID 1+0 ou RAID 0+1):**

    o   **Descrição**: Combina RAID 1 (espelhamento) e RAID 0 (striping).

    o   **Redundância de dados**: Fornece espelhamento e distribuição em faixas; cada par espelhado é distribuído em faixas com outros.

    o   **Desempenho**: Excelente desempenho de leitura e gravação devido ao striping, com alta redundância fornecida pelo espelhamento.

    o   **Caso de uso**: Ideal para ambientes que exigem alto desempenho e tolerância a falhas, embora com maior sobrecarga de armazenamento.

Benefícios da redundância de dados

*   **Tolerância a falhas**: Garante a disponibilidade dos dados mesmo em caso de falhas no disco, reduzindo o risco de perda de dados e tempo de inatividade.

*   **Integridade dos dados**: Mantém a integridade dos dados, permitindo a utilização de cópias redundantes de dados para recuperação, sem depender apenas de cópias de segurança.

*   **Melhoria do desempenho**: Alguns níveis de RAID (como RAID 1 e RAID 10) podem melhorar o desempenho de leitura ao permitir que vários discos sejam lidos simultaneamente.

Considerações

*   **Custo**: As configurações RAID com maior redundância requerem frequentemente mais discos, aumentando os custos iniciais e as despesas gerais de armazenamento.

*   **Impacto no desempenho**: Os diferentes níveis de RAID oferecem diferentes níveis de desempenho e podem afetar as velocidades de leitura/escrita de forma diferente.

*   **Complexidade de gerenciamento**: A configuração e a gestão de matrizes RAID requerem a compreensão dos níveis de RAID, capacidades de disco e requisitos de redundância.

As configurações RAID desempenham um papel crucial na melhoria do desempenho e da redundância de dados nos sistemas de armazenamento. A escolha do nível RAID correto depende das necessidades específicas da aplicação, equilibrando os requisitos de desempenho com o nível desejado de proteção de dados e tolerância a falhas.

Referências:

Livro:

1. "Operating System Concepts" de Abraham Silberschatz, Peter B. Galvin e Greg Gagne
2. "Modern Operating Systems" de Andrew S. Tanenbaum e Herbert Bos
3. "Sistemas Operativos: Three Easy Pieces" por Remzi H. Arpaci-Dusseau e Andrea C. Arpaci-Dusseau
4. "Sistemas Operativos: Internos e Princípios de Conceção" de William Stallings
5. "Linux Kernel Development" por Robert Love

Sítio Web:

1. Arquivos do kernel Linux
2. Microsoft Docs: Aspectos internos do sistema operativo Windows
3. O Grupo Aberto: Especificações UNIX
4. Projeto GNU
5. Biblioteca digital da ACM

Capítulo 5: Comunicação entre processos (IPC)

5.1 Memória partilhada, passagem de mensagens e sockets

A Memória Partilhada, a Passagem de Mensagens e os Sockets são mecanismos fundamentais de comunicação inter-processos (IPC) utilizados nos sistemas operativos e na programação de redes. Aqui está uma visão geral de cada um deles:

Memória partilhada

A memória partilhada permite que vários processos partilhem uma região de memória que pode ser acedida em simultâneo. Fornece um mecanismo de comunicação rápido, uma vez que os processos podem ler e escrever na memória partilhada sem o envolvimento do kernel, tornando-a adequada para aplicações de elevado desempenho.

- **Utilização**:
    - o Os processos ligam-se ao segmento de memória partilhada e comunicam através da leitura e escrita direta de dados.
    - o Útil para partilhar grandes quantidades de dados entre processos de forma eficiente.
    - o Requer mecanismos de sincronização (por exemplo, semáforos, mutexes) para gerir o acesso simultâneo e evitar a corrupção de dados.
- **Vantagens**:
    - o Acesso rápido e baixo overhead, uma vez que os dados são partilhados diretamente na memória.
    - o Eficiente para grandes transferências de dados entre processos.
- **Desvantagens**:
    - o Requer uma sincronização cuidadosa para evitar condições de corrida e inconsistência de dados.
    - o Limitado à comunicação entre processos no mesmo sistema.

Passagem de mensagens

A passagem de mensagens envolve a comunicação entre processos, enviando e recebendo mensagens através de um mecanismo IPC fornecido pelo sistema operativo.

As mensagens podem ser enviadas entre processos executados no mesmo sistema ou em sistemas diferentes através de uma rede.

- **Utilização**:
    - o Os processos comunicam enviando explicitamente mensagens através de chamadas de sistema (por exemplo, send(), recv()).
    - o Adequado para sistemas distribuídos em que os processos são executados em máquinas diferentes ou para comunicação entre processos no mesmo sistema.
- **Vantagens**:
    - o Comunicação independente da plataforma, permitindo a comunicação entre processos de diferentes sistemas operativos.
    - o Simplifica a sincronização, uma vez que a entrega de mensagens é gerida pelo sistema operativo.
- **Desvantagens**:
    - o Maior sobrecarga em comparação com a memória partilhada devido à cópia de mensagens e ao envolvimento do kernel.
    - o Mais complexa de implementar do que a memória partilhada para uma simples partilha de dados.

Tomadas

Os sockets são pontos finais para a comunicação entre duas máquinas ou processos através de uma rede. Permitem que os processos comuniquem utilizando protocolos padrão como o TCP/IP ou o UDP/IP.

- **Utilização**:
    - o Criar um socket para estabelecer uma ligação (por exemplo, socket TCP para comunicação fiável e ordenada, socket UDP para comunicação leve e sem ligação).
    - o Enviar e receber fluxos de dados ou datagramas entre processos através de uma rede.
- **Vantagens**:
    - o Permite a comunicação entre processos executados em diferentes sistemas através de uma rede.

o Suporta uma variedade de protocolos de comunicação (TCP, UDP) para diferentes necessidades.

- **Desvantagens**:
  - o Maior sobrecarga em comparação com a memória partilhada e a passagem de mensagens no mesmo sistema devido à comunicação em rede.
  - o Requer uma infraestrutura de rede e pode introduzir latência em comparação com os mecanismos IPC locais.

Escolher o mecanismo IPC correto

- **Considerações sobre desempenho**: A memória partilhada é mais rápida para a comunicação intra-sistema, enquanto os sockets são necessários para a comunicação inter-sistemas ou em rede.
- **Simplicidade vs. Flexibilidade**: A memória partilhada é mais simples para a partilha direta de dados, enquanto a passagem de mensagens e os sockets oferecem mais flexibilidade para diferentes tipos de necessidades de comunicação.
- **Requisitos da plataforma e da rede**: A passagem de mensagens e os sockets são essenciais para sistemas distribuídos e aplicações em rede, enquanto a memória partilhada se limita ao IPC local.

Em resumo, compreender os pontos fortes e fracos da memória partilhada, da passagem de mensagens e dos sockets ajuda os programadores a escolher o mecanismo IPC mais adequado com base nos requisitos da aplicação, nas considerações de desempenho e na arquitetura da rede.

5.2 Chamadas de procedimento remoto (RPC) e middleware

As chamadas de procedimento remoto (RPC) e o middleware são componentes essenciais em ambientes de computação distribuída, facilitando a comunicação e a interação entre aplicações e sistemas através de redes. Eis uma visão geral do RPC e do middleware:

Chamadas de procedimento remoto (RPC)

As chamadas de procedimento remoto (RPC) permitem que um programa invoque procedimentos ou funções num sistema remoto como se fossem locais. As RPC abstraem os pormenores da comunicação em rede, fazendo parecer que o procedimento remoto é uma chamada de função local.

- **Componentes**:
    - o **Cliente**: Inicia o pedido RPC e espera por uma resposta.
    - o **Servidor**: Recebe o pedido RPC, executa o procedimento solicitado e envia uma resposta.
    - o **MarshallingfUnmarshalling**: Converte parâmetros e valores de retorno num formato adequado para transmissão através da rede.
- **Vantagens**:
    - o Simplifica a computação distribuída ao ocultar as complexidades da rede.

    - o Permite que os programas chamem funções em sistemas remotos de forma transparente.
    - o Melhora a modularidade e a reutilização do código ao separar as preocupações entre sistemas.
- **Desvantagens**:
    - o Maior complexidade no tratamento de falhas, timeouts e garantia de fiabilidade.
    - o Sobrecarga de desempenho devido à serialização/deserialização e à latência da rede.
- **Exemplos**: As estruturas RPC incluem o gRPC (Google Remote Procedure Call), o Apache Thrift e o CORBA (Common Object Request Broker Architecture).

Middleware

O middleware é um software que se situa entre as aplicações e os sistemas operativos, fornecendo serviços e abstracções para facilitar a comunicação, a gestão e a integração de sistemas distribuídos.

- **Funções**:
    - o **Comunicação**: Fornece serviços de mensagens e de enfileiramento para a entrega fiável de mensagens (por exemplo, MQTT, RabbitMQ).

- o **Gestão de transacções**: Assegura a atomicidade, a consistência, o isolamento e a durabilidade (propriedades ACID) das transacções distribuídas.

  - o **Segurança**: Impõe a autenticação, a autorização e a encriptação dos dados trocados entre componentes distribuídos.

  - o **Gestão de recursos**: Trata do balanceamento de carga, tolerância a falhas e escalabilidade de aplicações distribuídas.

- **Tipos**:

  - o **Middleware orientado para a mensagem (MOM)**: Facilita a comunicação assíncrona

    comunicação através de filas de mensagens (por exemplo, JMS - Java Message Service).

  - o **Middleware de processamento de transacções**: Gere transacções distribuídas através de múltiplos recursos (por exemplo, IBM MQ, Tuxedo).

  - o **Object Request Brokers (ORBs)**: Facilitam a comunicação e a interação entre objectos distribuídos (por exemplo, CORBA, Java RMI).

- **Vantagens**:

  - o Abstrai a complexidade e a heterogeneidade em sistemas distribuídos.

  - o Melhora a interoperabilidade fornecendo interfaces e protocolos normalizados.

  - o Aumenta a escalabilidade, a fiabilidade e a capacidade de manutenção das aplicações distribuídas.

- **Desvantagens**:

  - o Introduz uma sobrecarga em termos de desempenho e complexidade.

  - o Requer uma conceção e configuração cuidadosas para garantir a compatibilidade e a fiabilidade entre diferentes componentes de middleware.

Integração com RPC

As estruturas RPC podem ser consideradas um tipo de middleware que se centra especificamente na invocação de procedimentos remotos, abstraindo os pormenores da comunicação em rede e fornecendo um mecanismo para chamadas de funções distribuídas. O middleware, em geral, vai além do RPC para abranger uma gama mais ampla de serviços e funcionalidades essenciais para a gestão de sistemas distribuídos.

Em resumo, o RPC e o middleware desempenham papéis complementares ao permitirem uma comunicação e integração eficientes e fiáveis em ambientes de computação distribuída, contribuindo para a escalabilidade, o desempenho e a capacidade de gestão das aplicações e sistemas modernos.

5.3 Mecanismos de IPC distribuído

Os mecanismos de comunicação distribuída inter-processos (IPC) são cruciais para permitir a comunicação e a coordenação entre processos executados em sistemas diferentes num ambiente de computação distribuída. Eis alguns dos principais mecanismos de IPC distribuído:

1. Chamadas de procedimento remoto (RPC)

As chamadas de procedimento remoto (RPC) permitem que um processo invoque um procedimento ou método num sistema remoto como se fosse uma chamada de procedimento local. As RPC abstraem os pormenores da comunicação em rede, fazendo com que as interacções remotas pareçam semelhantes às chamadas de funções locais.

- **Vantagens**:
  - Simplifica o desenvolvimento de aplicações distribuídas, ocultando as complexidades da rede. o Melhora a modularidade e a reutilização, encapsulando o acesso a serviços remotos.
  - Suporta modelos de invocação síncronos e assíncronos.
- **Desvantagens**:
  - Maior complexidade no tratamento de falhas, timeouts e garantia de fiabilidade.

  - Sobrecarga de desempenho devido à SerializaçãoZdeserialização e latência da rede.

2. Middleware orientado para a mensagem (MOM)

O Middleware Orientado para Mensagens (MOM) facilita a comunicação entre componentes distribuídos utilizando mensagens. Proporciona uma comunicação fiável e assíncrona através de filas de mensagens ou tópicos.

- **Vantagens:**
    - o Garante a entrega fiável de mensagens, mesmo na presença de falhas na rede. o Suporta padrões de comunicação desacoplados, aumentando a flexibilidade do sistema. o Facilita a integração entre sistemas heterogéneos.
- **Desvantagens:**
    - o Requer uma conceção cuidadosa para lidar com a ordenação e a coerência das mensagens.
    - o Pode introduzir complexidade adicional na gestão de filas de mensagens e tópicos.

3. Memória partilhada distribuída (DSM)

A memória partilhada distribuída (DSM) permite que vários processos executados em nós diferentes partilhem um espaço de endereço de memória comum. Os sistemas DSM fornecem a ilusão de memória partilhada entre nós distribuídos.

- **Vantagens:**
    - o Simplifica a partilha de dados entre processos distribuídos.
    - o Melhora o desempenho reduzindo a sobrecarga de transferência de dados em comparação com a passagem de mensagens.
    - o Aumenta a flexibilidade de programação ao permitir estruturas de dados partilhadas.
- **Desvantagens:**
    - o Complexidade na manutenção da coerência e consistência entre nós distribuídos. o Requer mecanismos de sincronização para lidar com o acesso

simultâneo.

4. Invocação de método remoto (RMI)

A Invocação Remota de Métodos (RMI) permite que objectos numa Máquina Virtual Java (JVM) invoquem métodos em objectos residentes noutra JVM. A RMI fornece uma abordagem centrada em Java para a computação distribuída, semelhante ao RPC.

- **Vantagens**:
  - o Integra-se perfeitamente com as funcionalidades e bibliotecas da linguagem Java.
  - o Proporciona segurança de tipo e benefícios de programação orientada para objectos.
  - o Suporta modelos de objectos distribuídos e estruturas de dados complexas.
- **Desvantagens**:
  - o Limitado a ambientes baseados em Java, pode não se integrar bem com sistemas não-Java.
  - o Requer compatibilidade JVM e alinhamento de versões entre nós distribuídos.

5. Serviços Web (SOAP e REST)

Os serviços Web utilizam protocolos normalizados (SOAP, REST) para permitir a comunicação e a interoperabilidade entre aplicações distribuídas através da Web.

- **SOAP (Simple Object Access Protocol)**:
  - o Define um protocolo para o intercâmbio de informações estruturadas na implementação de serviços Web.
  - o Suporta formatos de mensagens baseados em XML e WSDL (Web Services Description Language) para descrição de serviços.
- **REST (Representational State Transfer)**:
  - o Estilo de arquitetura para a conceção de aplicações em rede utilizando protocolos HTTP.

o Utiliza operações leves e sem estado (GET, POST, PUT, DELETE) para a
troca de dados.

- **Vantagens**:

    o Independência da plataforma e interoperabilidade entre diferentes
    sistemas e linguagens de programação.

    o Simplifica a integração com a infraestrutura Web existente (por exemplo,
    HTTP, HTTPS).

    o Suporta arquitecturas escaláveis e fracamente acopladas.

- **Desvantagens**:

    o Pode não ter mecanismos de segurança normalizados, exigindo
    configuração adicional.

    o Sobrecarga de desempenho devido à comunicação HTTP e à serialização
    de dados.

Escolha de mecanismos de IPC distribuído

A escolha do mecanismo de IPC correto depende de factores como os requisitos de
desempenho, a escalabilidade do sistema, as preferências de linguagem de
programação e as necessidades de integração. Cada mecanismo oferece vantagens e
compensações distintas, o que torna crucial alinhar as escolhas de IPC com os
requisitos comerciais e de aplicações específicas em ambientes de computação
distribuída.

Referências:

Livro:

1. "Operating System Concepts" de Abraham Silberschatz, Peter B. Galvin e Greg Gagne
2. "Modern Operating Systems" de Andrew S. Tanenbaum e Herbert Bos
3. "Sistemas Operativos: Three Easy Pieces" por Remzi H. Arpaci-Dusseau e Andrea C. Arpaci-Dusseau
4. "Sistemas Operativos: Internos e Princípios de Conceção" de William Stallings
5. "Linux Kernel Development" por Robert Love

Sítio Web:

1. Arquivos do kernel Linux
2. Microsoft Docs: Aspectos internos do sistema operativo Windows
3. O Grupo Aberto: Especificações UNIX
4. Projeto GNU
5. Biblioteca digital da ACM

yes
I want morebooks!

Buy your books fast and straightforward online - at one of world's fastest growing online book stores! Environmentally sound due to Print-on-Demand technologies.

Buy your books online at
www.morebooks.shop

Compre os seus livros mais rápido e diretamente na internet, em uma das livrarias on-line com o maior crescimento no mundo! Produção que protege o meio ambiente através das tecnologias de impressão sob demanda.

Compre os seus livros on-line em
www.morebooks.shop